Robert Pace

FINGER BUILDERS

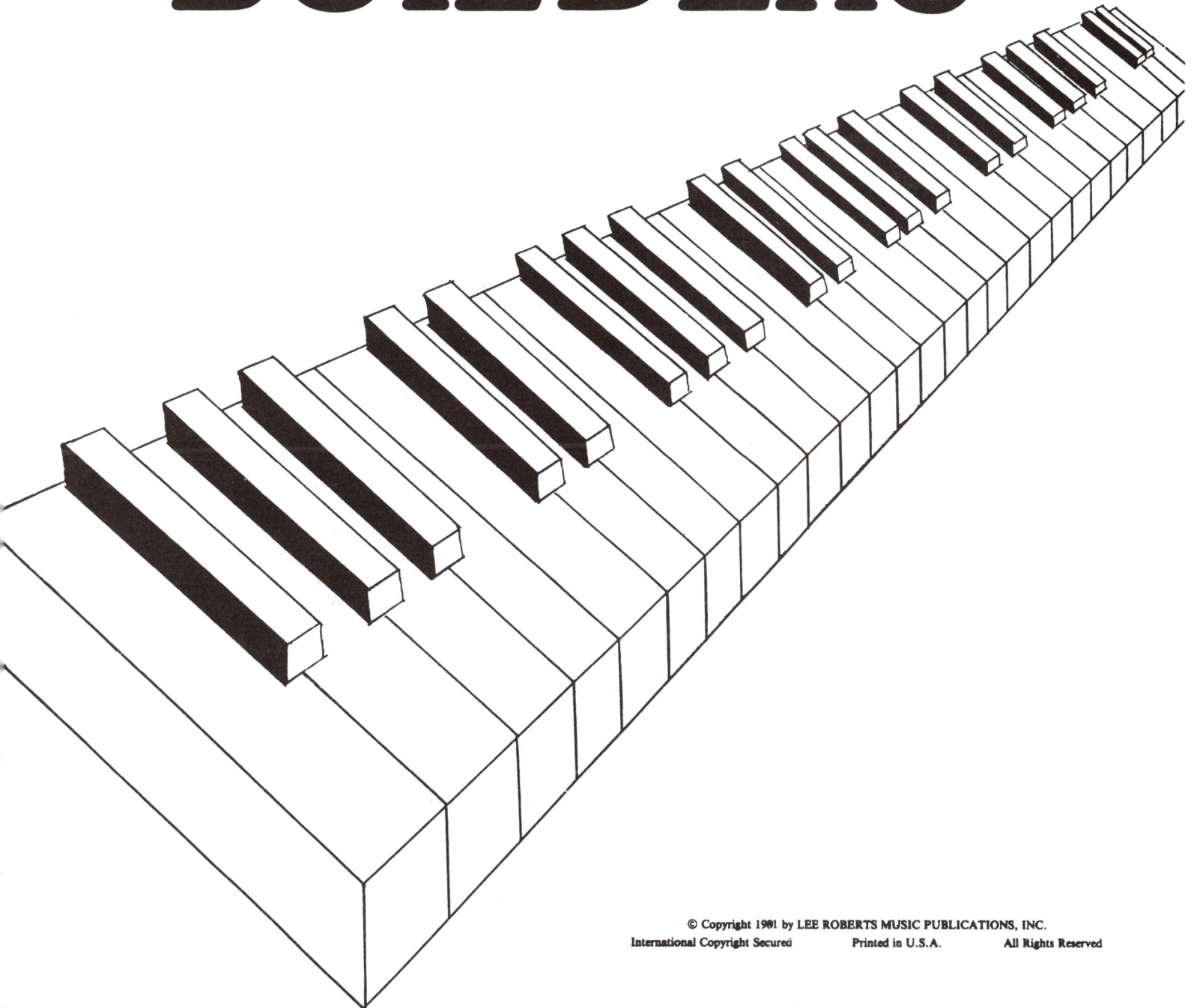

C Major

C Minor

G Major

G Minor

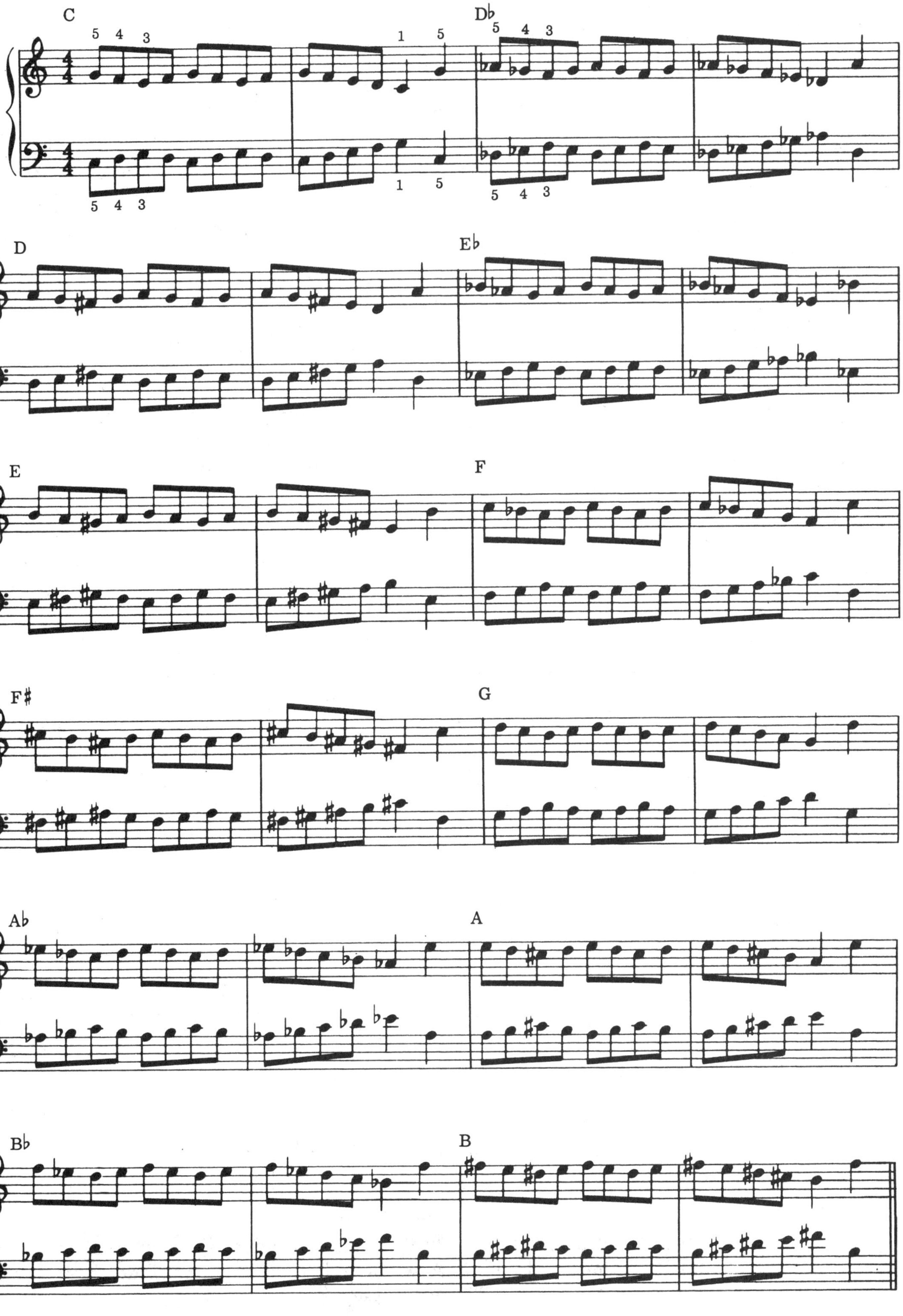
C
5 4 3
1 5
5 4 3
1 5
D♭
5 4 3
5 4 3
D
E♭
E
F
F♯
G
A♭
A
B♭
B

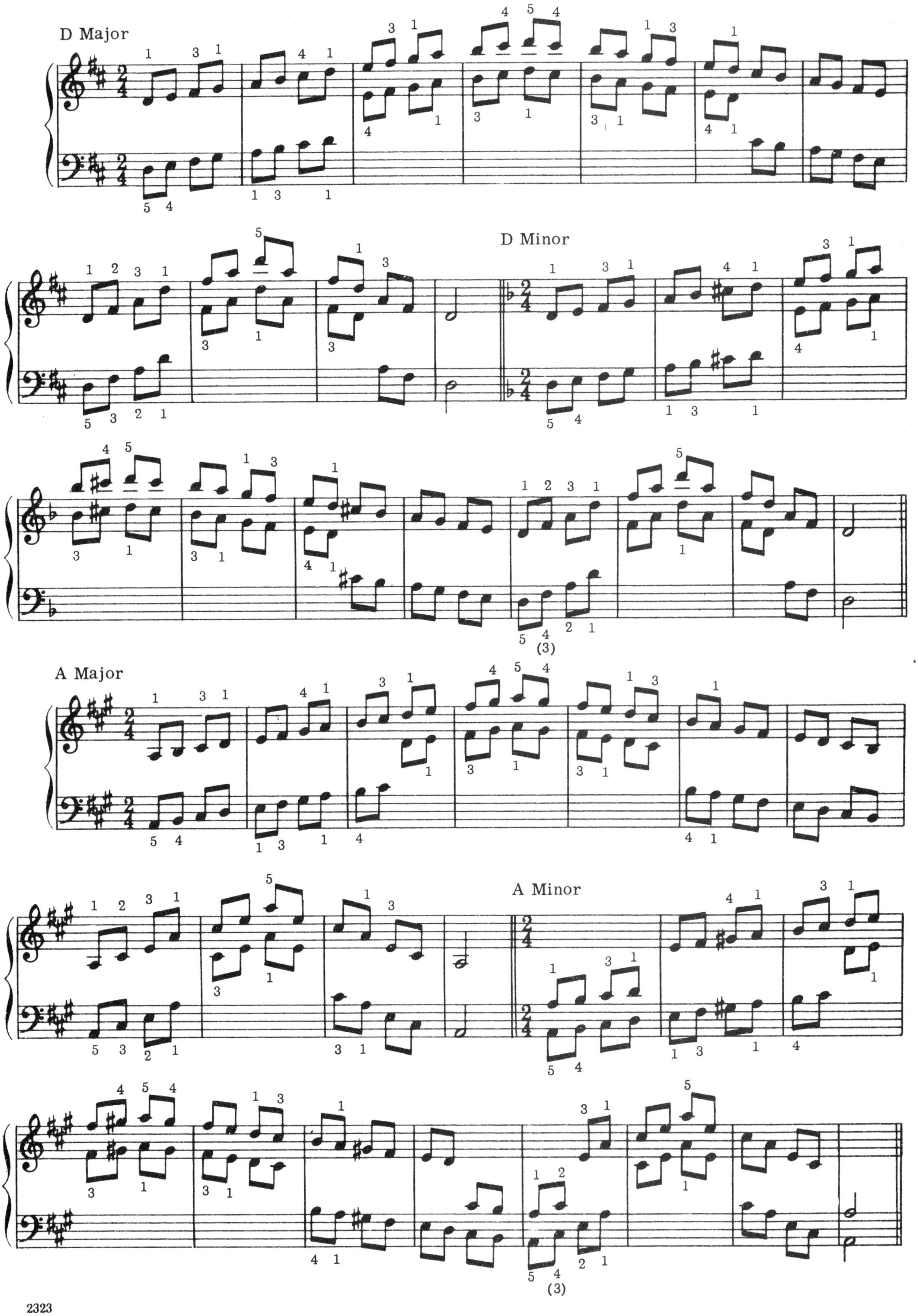
D Major
D Minor
A Major
A Minor

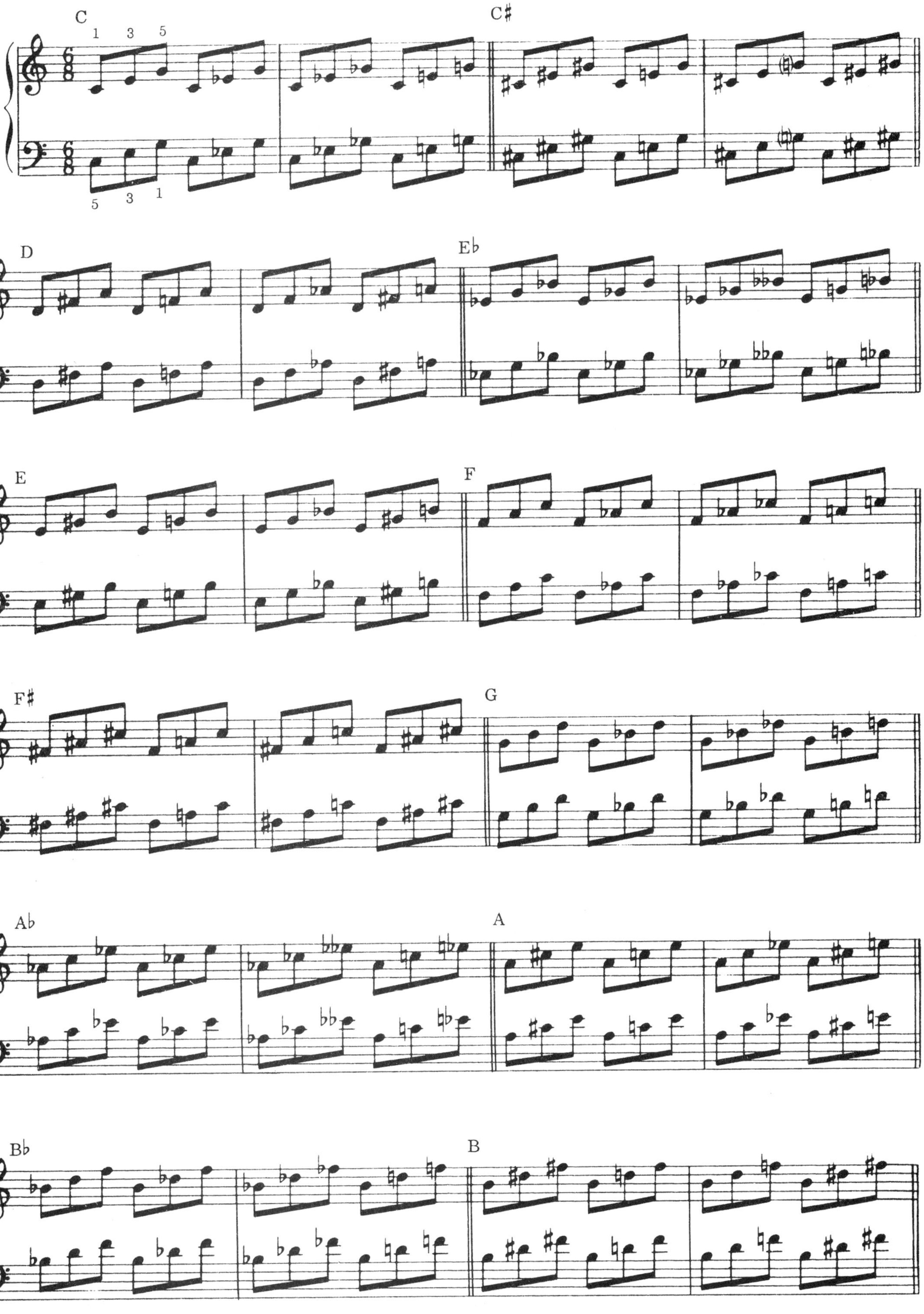
C
1 3 5
C♯
5 3 1
D
E♭
E
F
F♯
G
A♭
A
B♭
B

E Major

E Minor

B Major

B Minor

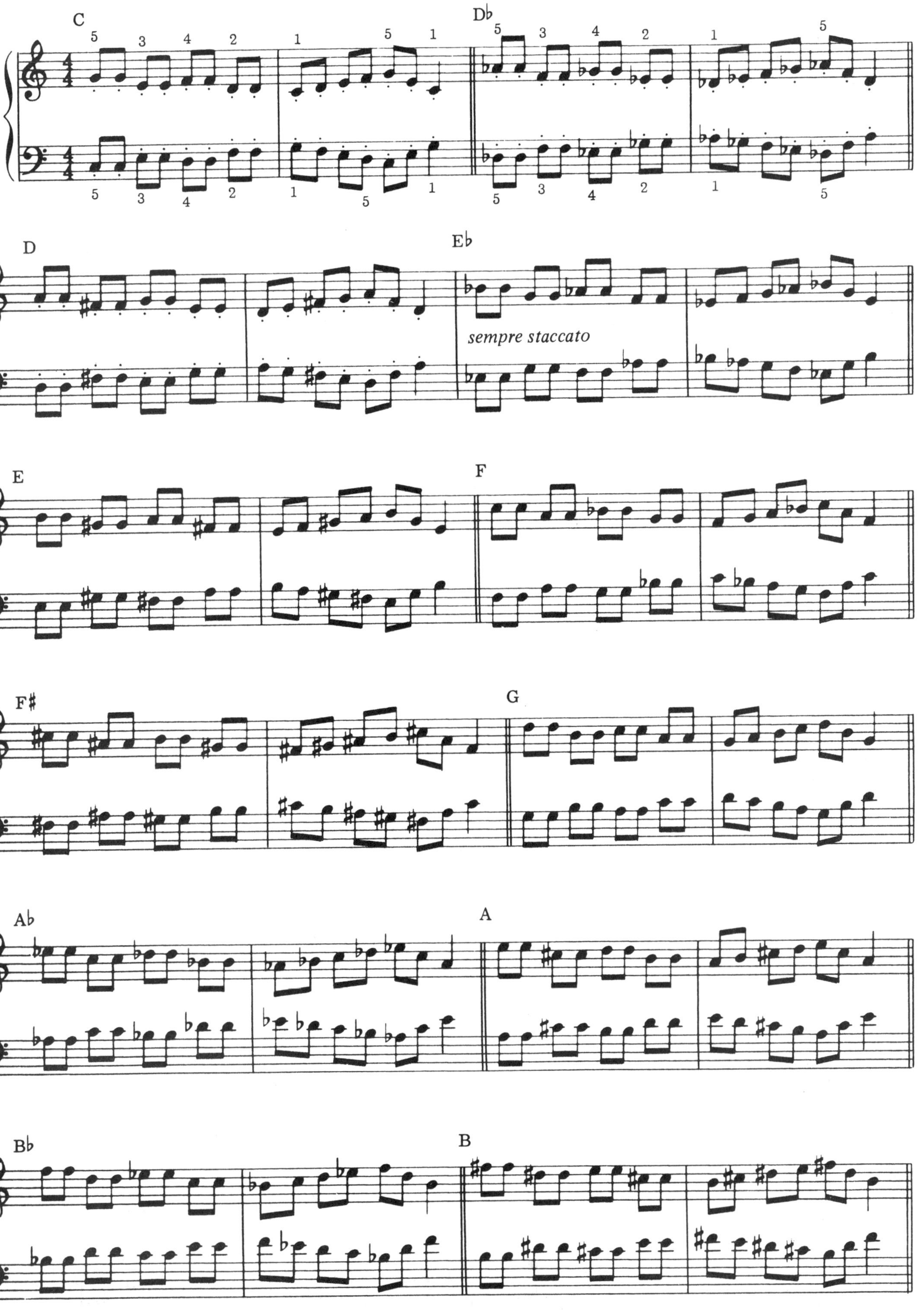
C
D♭
D
E♭
sempre staccato
E
F
F♯
G
A♭
A
B♭
B

F♯ Major

F♯ Minor

D♭ Major

C♯ Minor

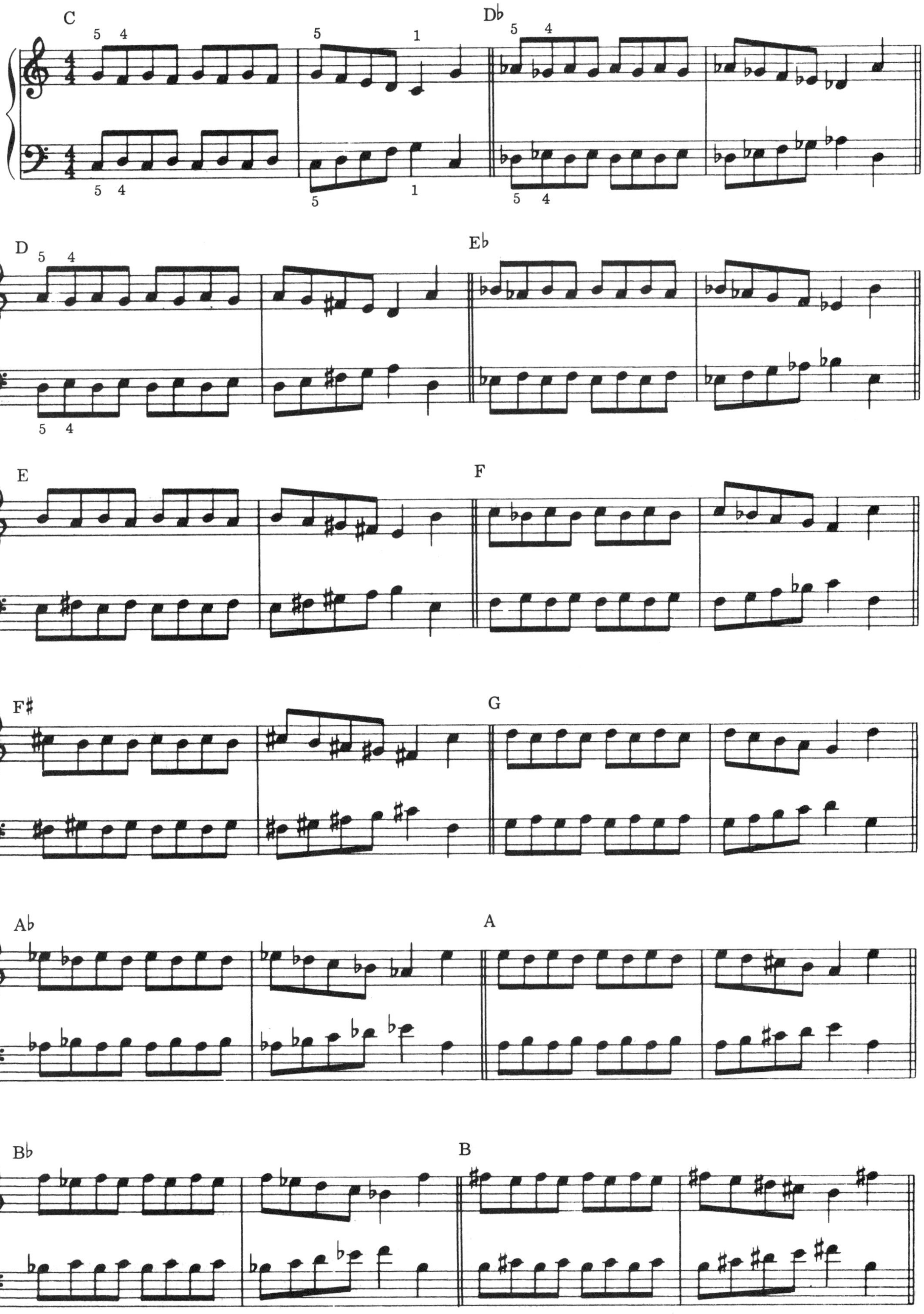
C
D♭
D
E♭
E
F
F♯
G
A♭
A
B♭
B

Ab Major

G# Minor

Eb Major

Eb Minor

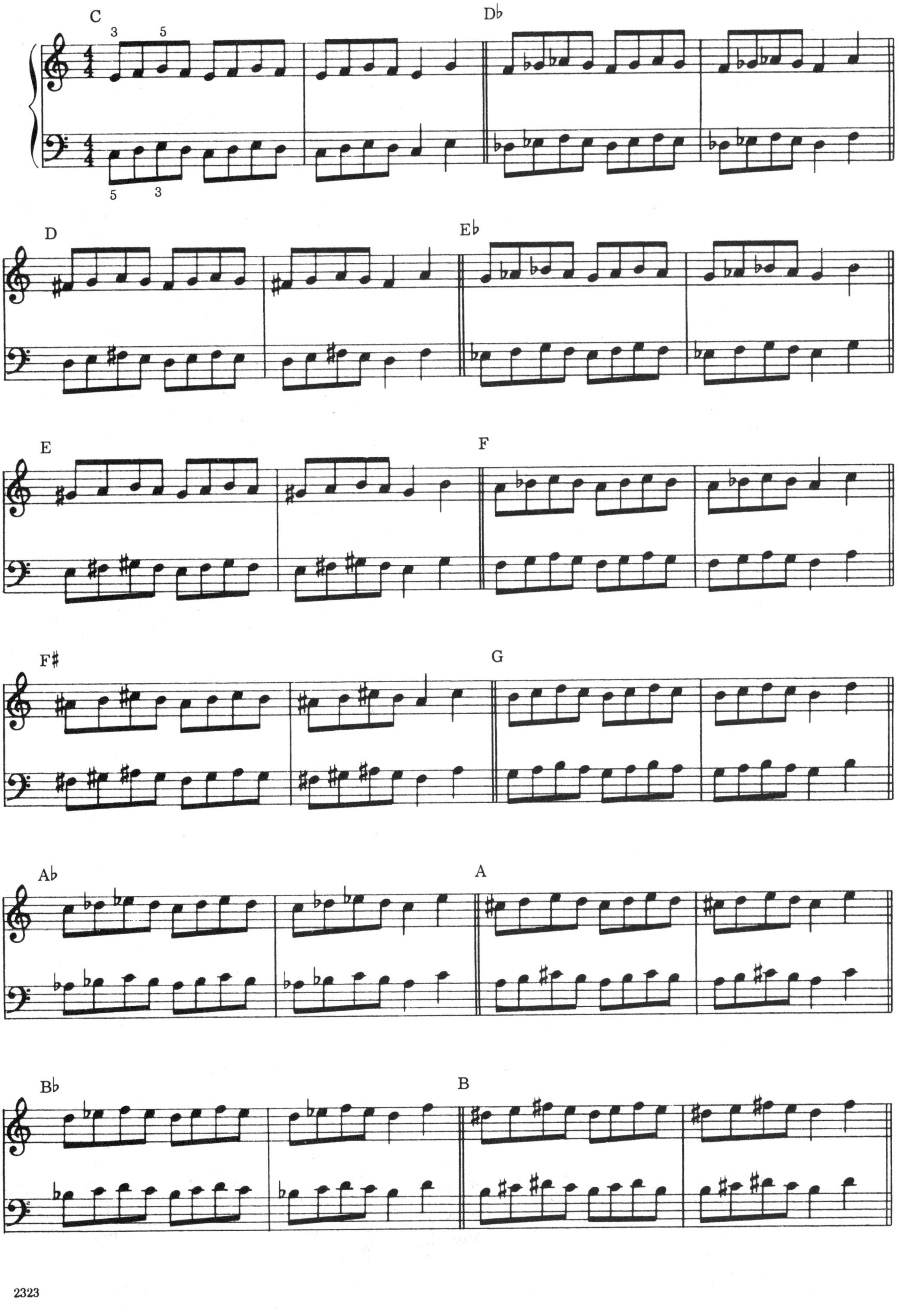
C
3 5
5 3
D♭
D
E♭
E
F
F♯
G
A♭
A
B♭
B

Bb Major

Bb Minor

F Major

F Minor

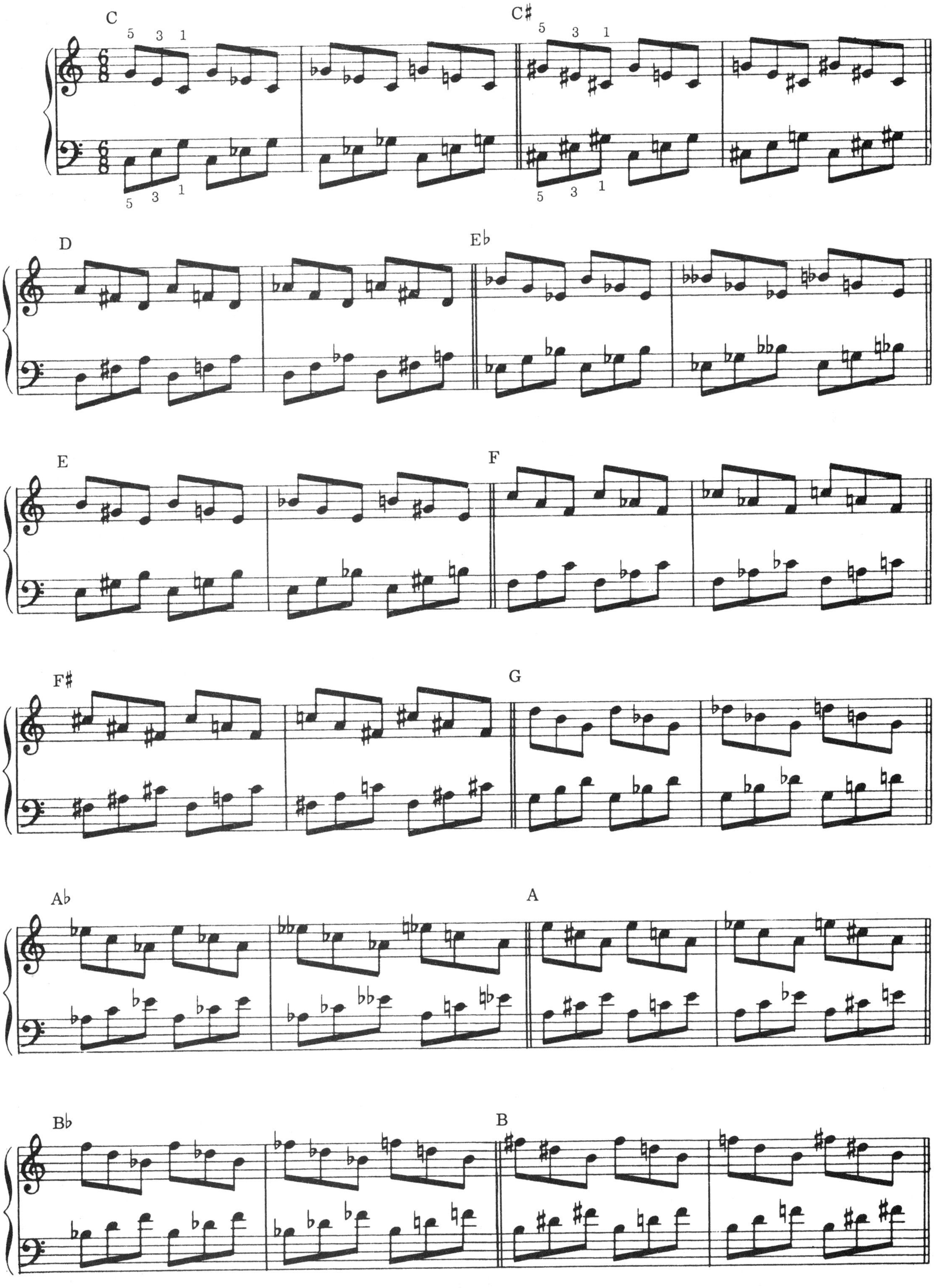
C
5 3 1
C♯
5 3 1
5 3 1
5 3 1
D
E♭
E
F
F♯
G
A♭
A
B♭
B

C Major

C Minor

G Major

G Minor

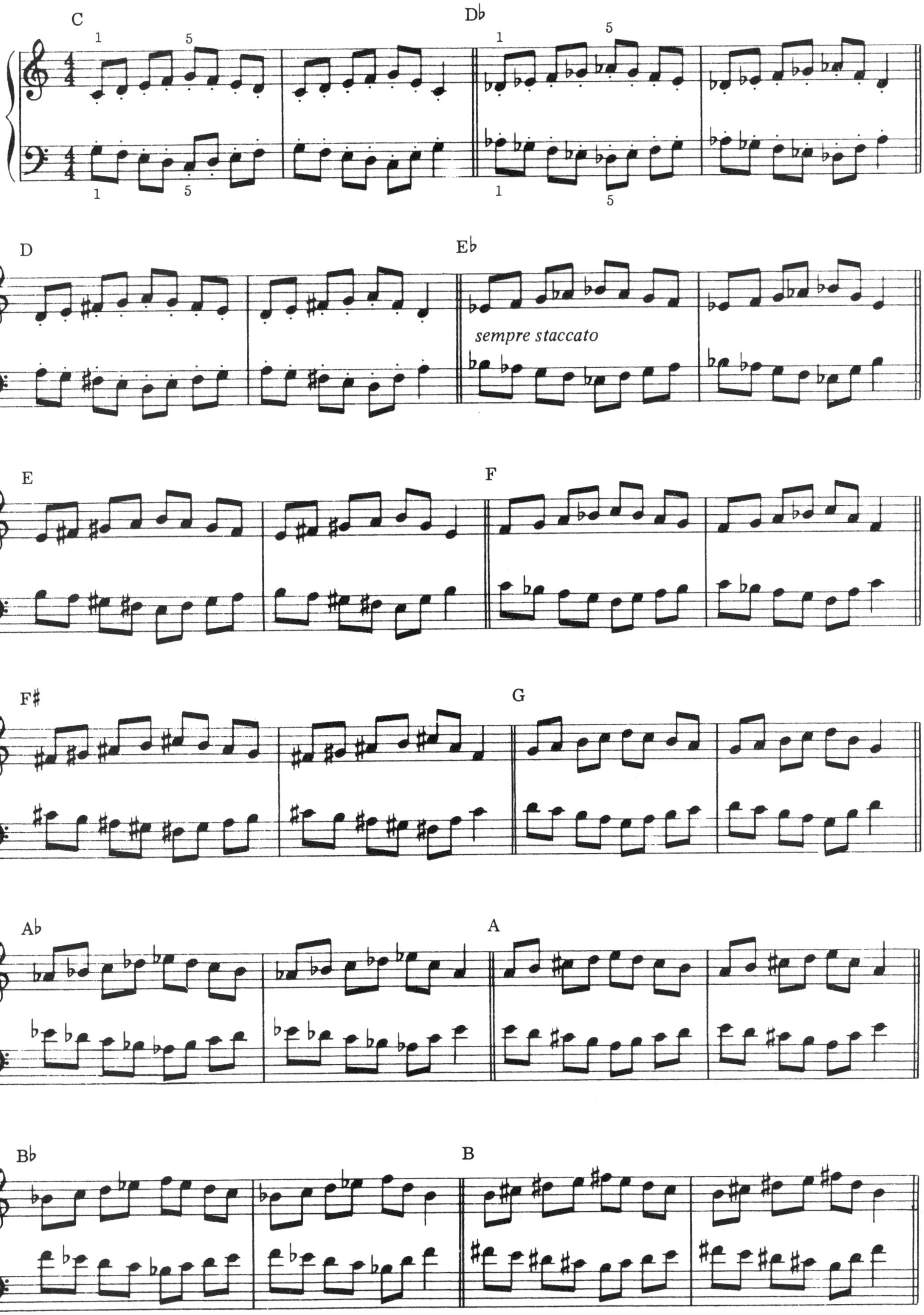
C
1
5
D♭
1
5
1
5
1
5
D
E♭
sempre staccato
E
F
F♯
G
A♭
A
B♭
B

D Major

D Minor

A Major

A Minor

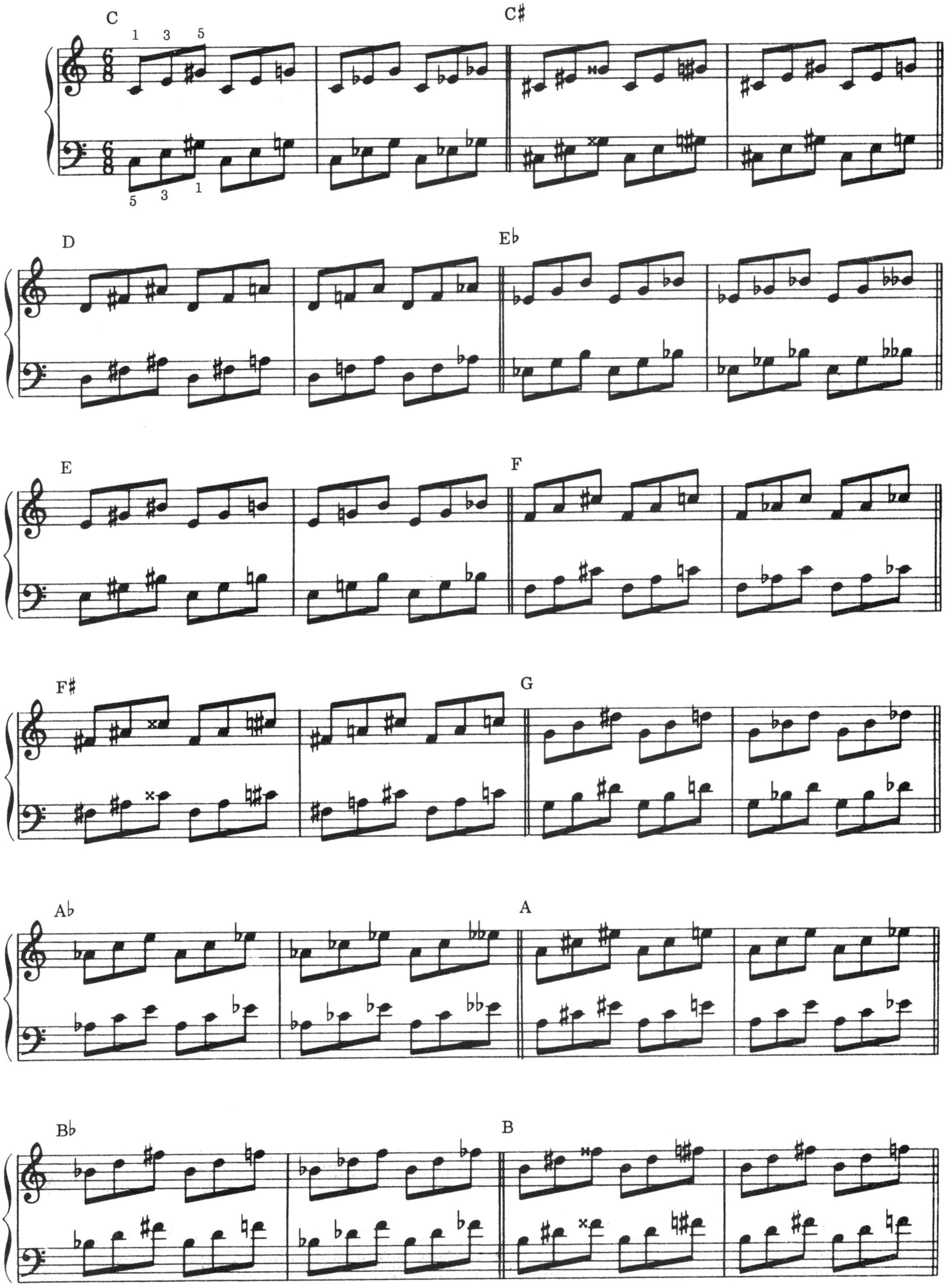
C
1 3 5
5 3 1
C♯
D
E♭
E
F
F♯
G
A♭
A
B♭
B

E Major

E Minor

B Major

B Minor

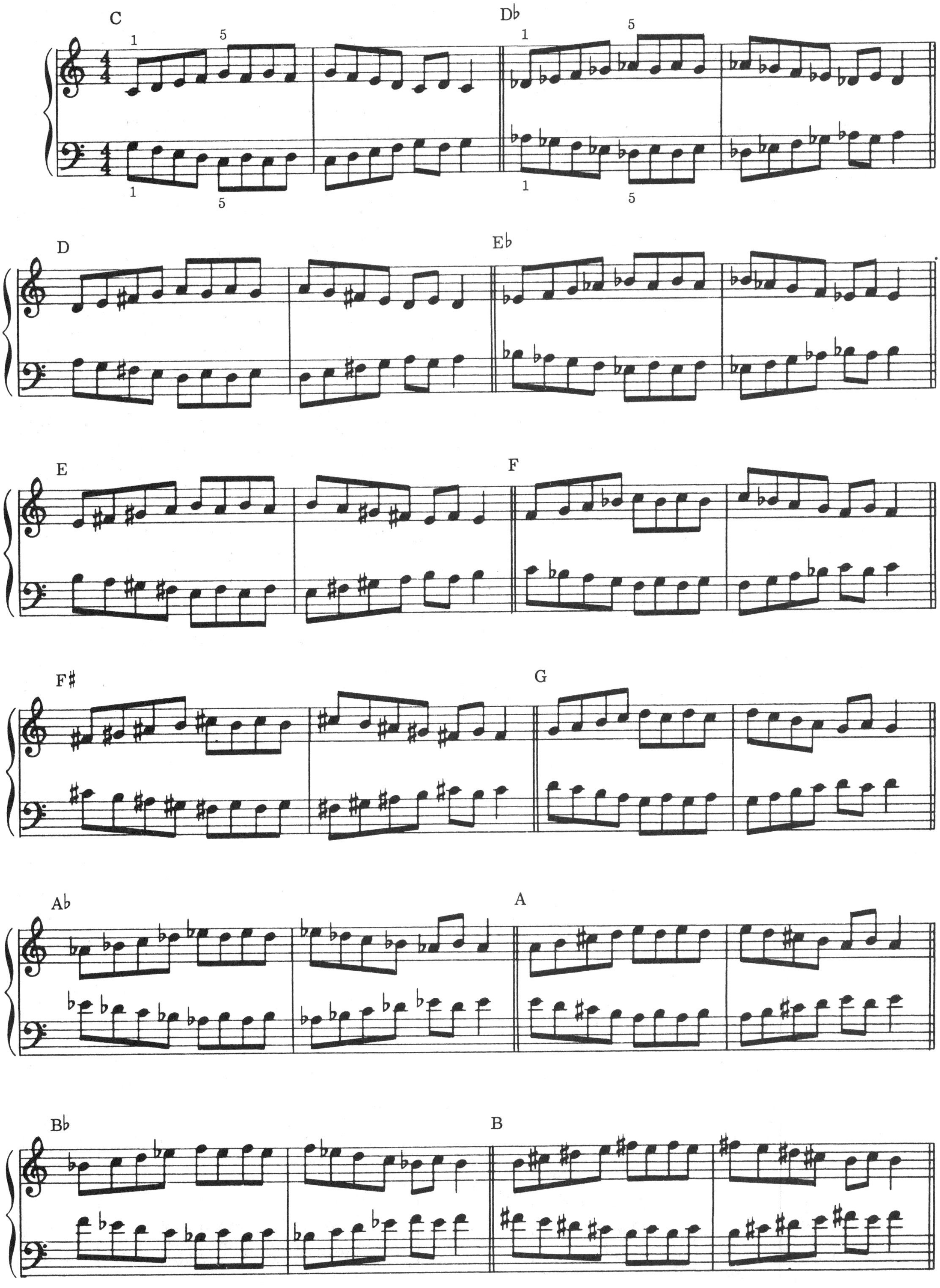
C
Db
D
Eb
E
F
F#
G
Ab
A
Bb
B

F# Major

F# Minor

D♭ Major

C# Minor

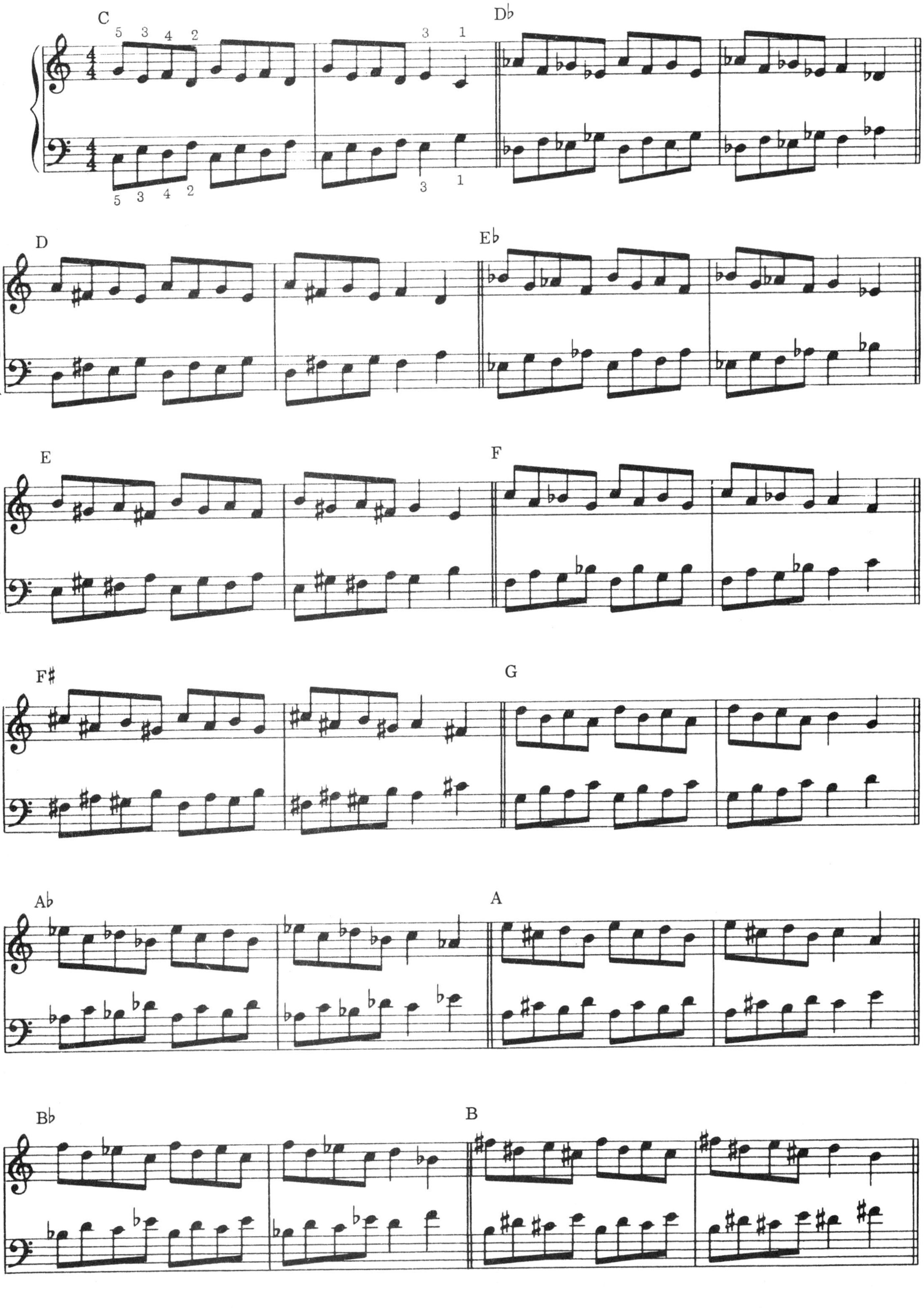
C
5 3 4 2
3 1
D♭
5 3 4 2
3 1
D
E♭
E
F
F♯
G
A♭
A
B♭
B

Ab Major

G# Minor

Eb Major

Eb Minor

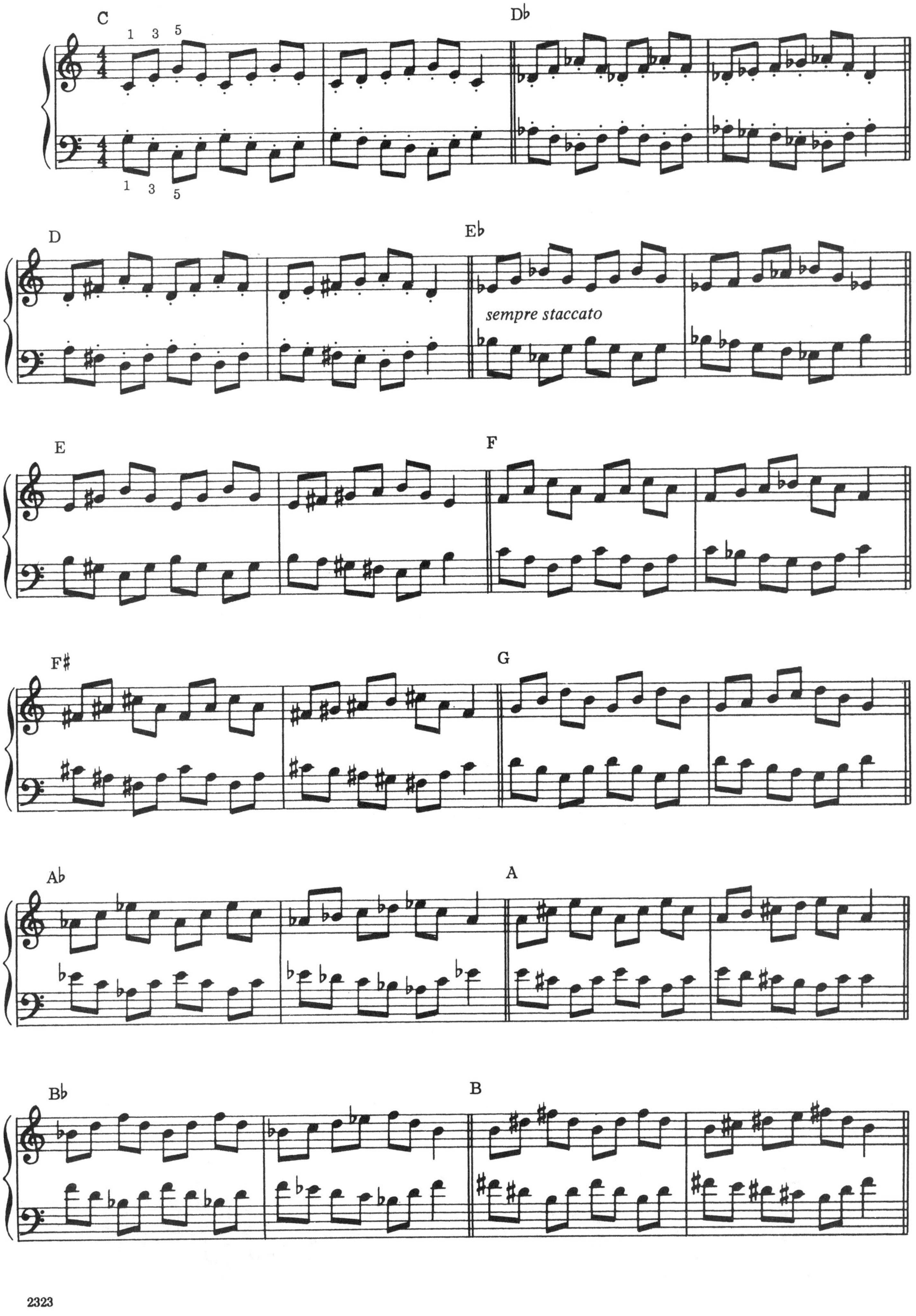
C
1 3 5
D♭
1 3 5
D
E♭
sempre staccato
E
F
F♯
G
A♭
A
B♭
B

Bb Major

Bb Minor

F Major

F Minor

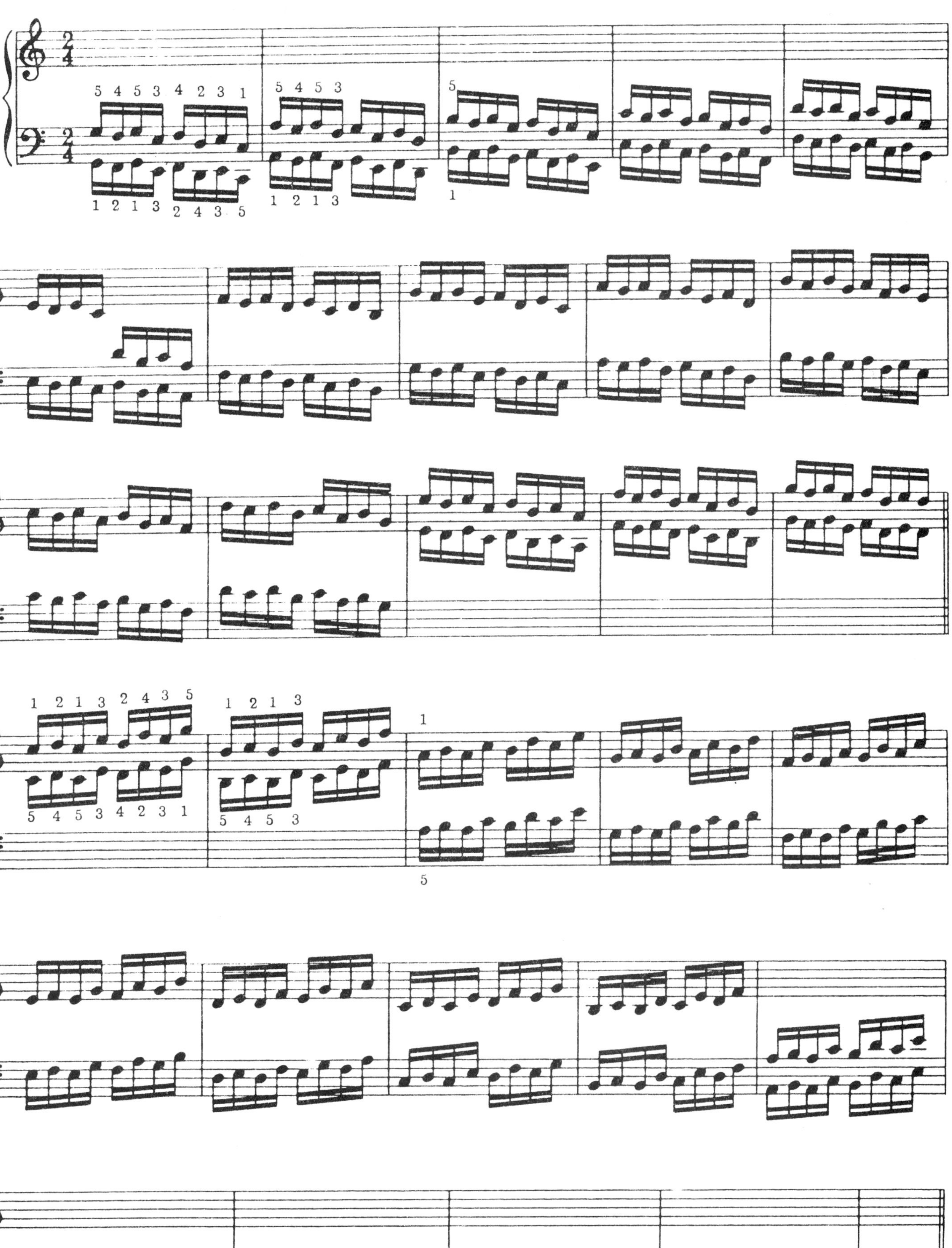

C Major

C Minor*

G Major

G Minor

* On pages 26 through 36, the melodic minor is used ascending and the natural minor is used descending.

2323

D Major

D Minor

A Major

A Minor

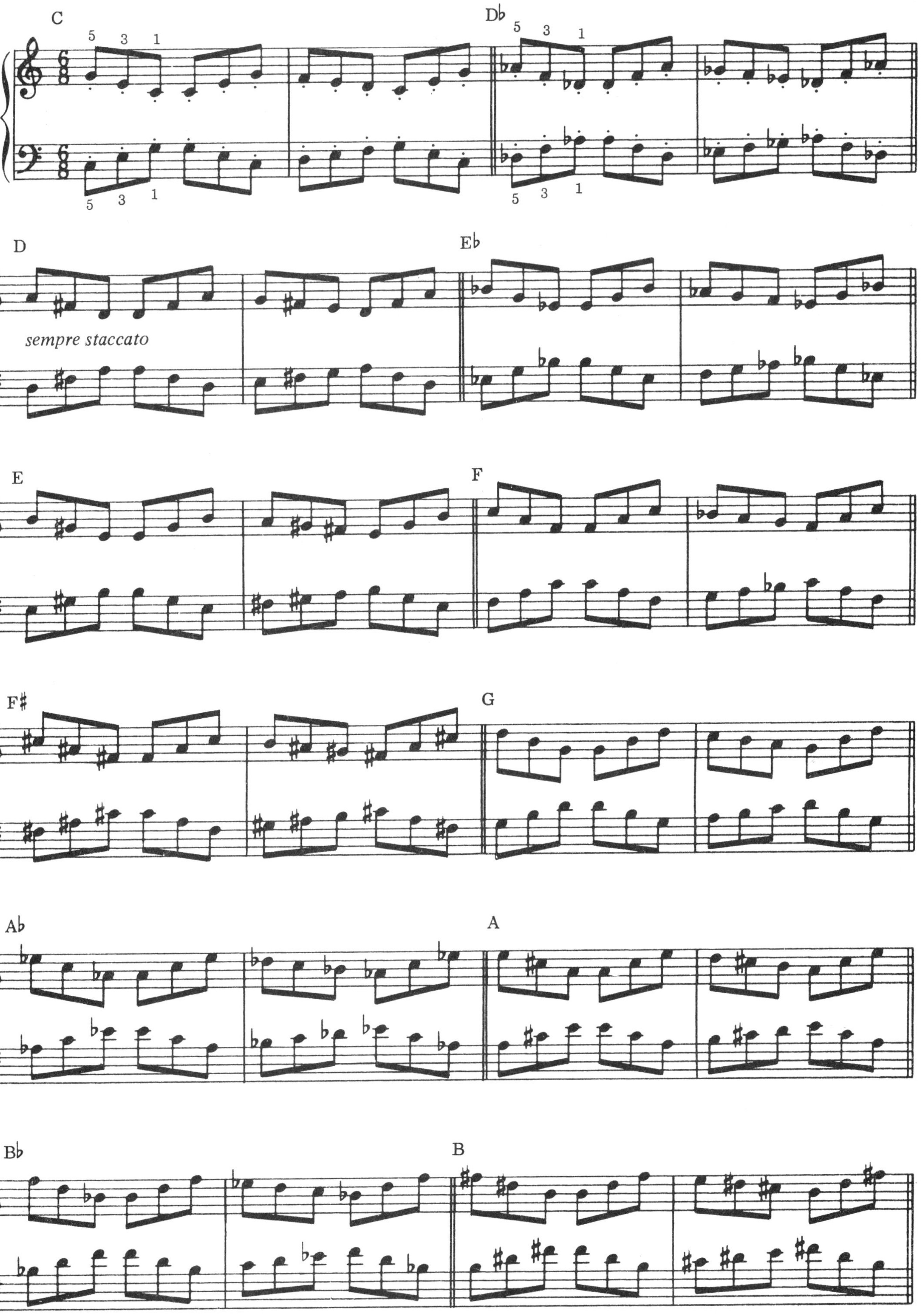
C
5 3 1
5 3 1
D♭
5 3 1
5 3 1
D
sempre staccato
E♭
E
F
F♯
G
A♭
A
B♭
B

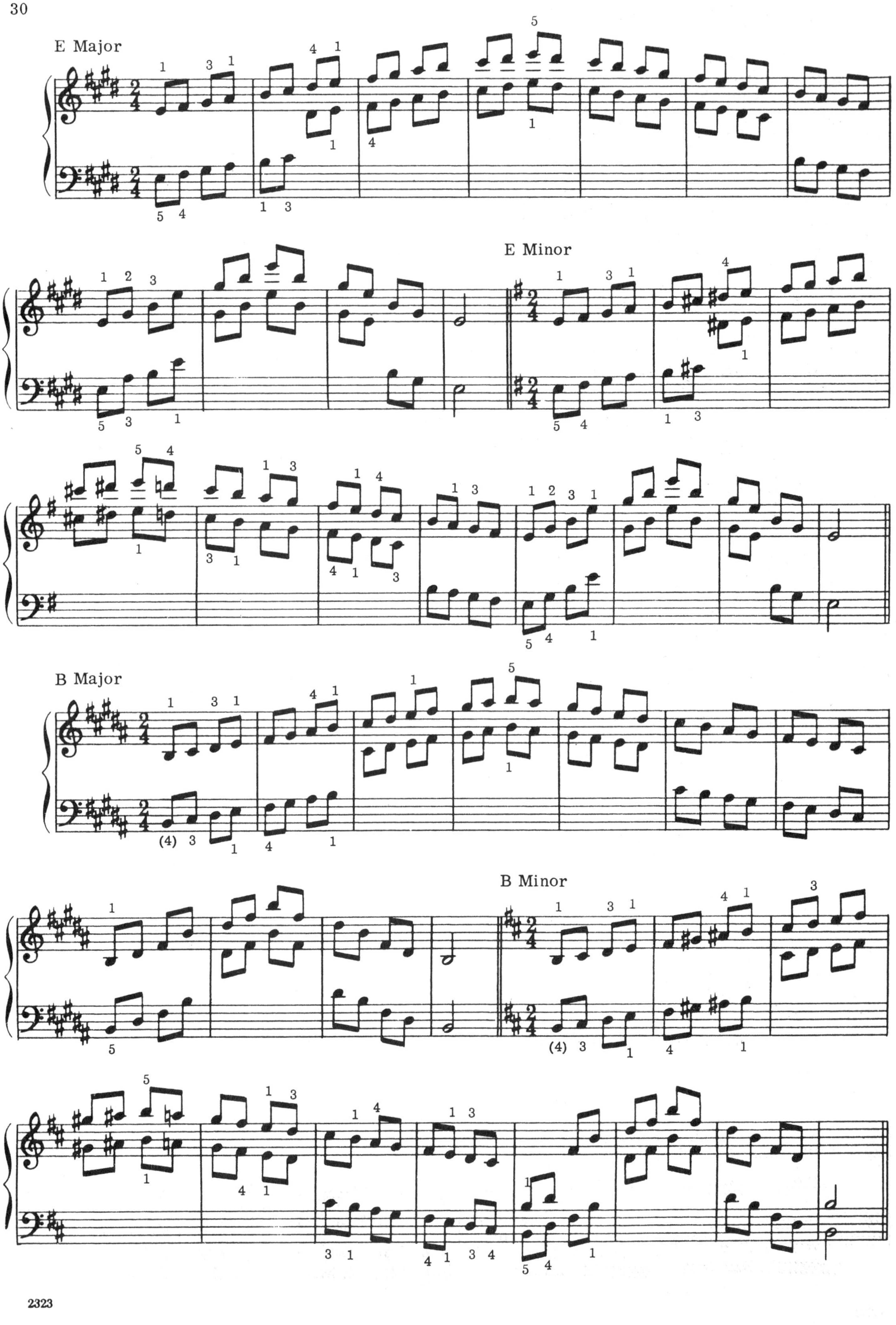
E Major
E Minor
B Major
B Minor

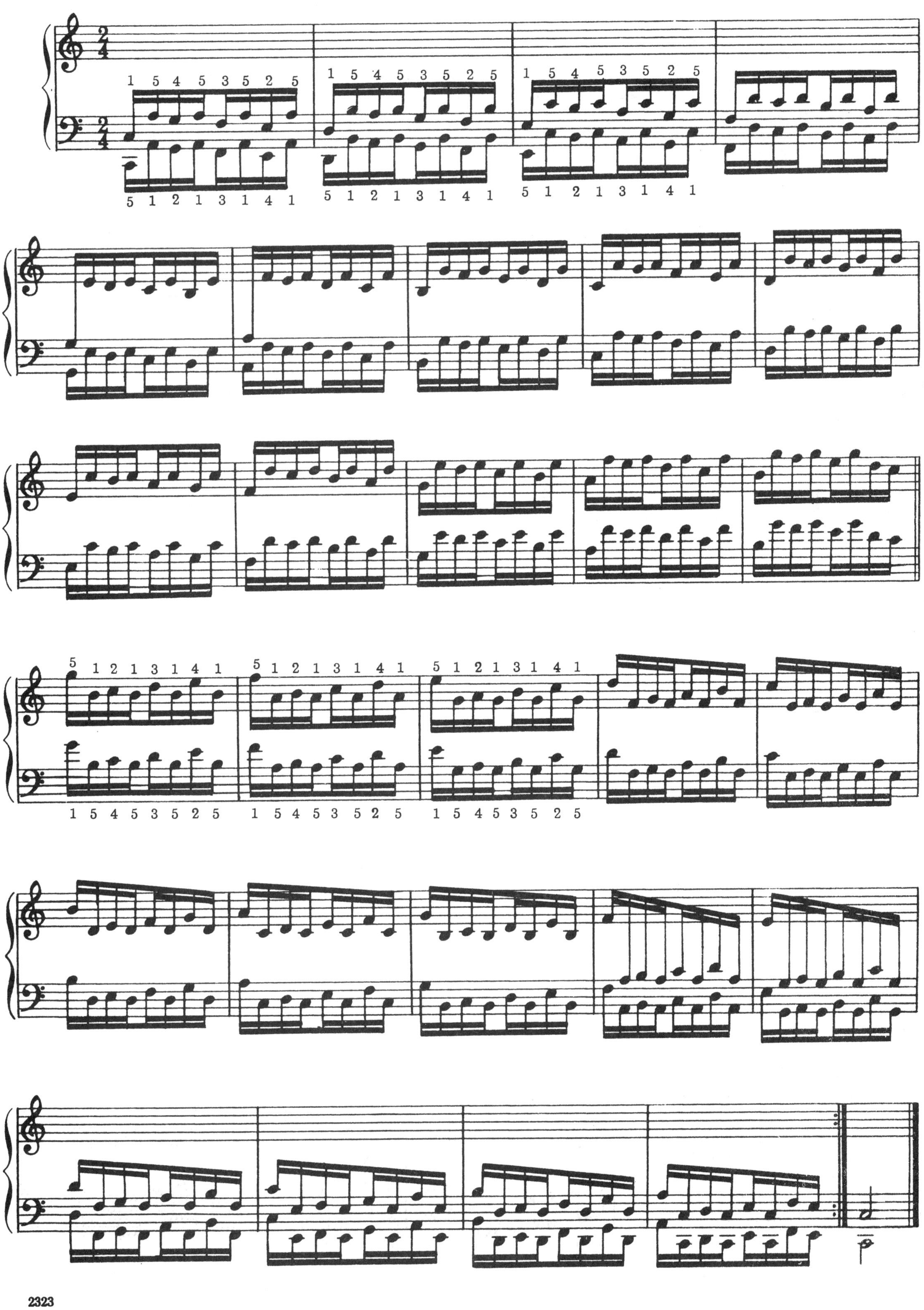

F♯ Major

F♯ Minor

D♭ Major

C♯ Minor

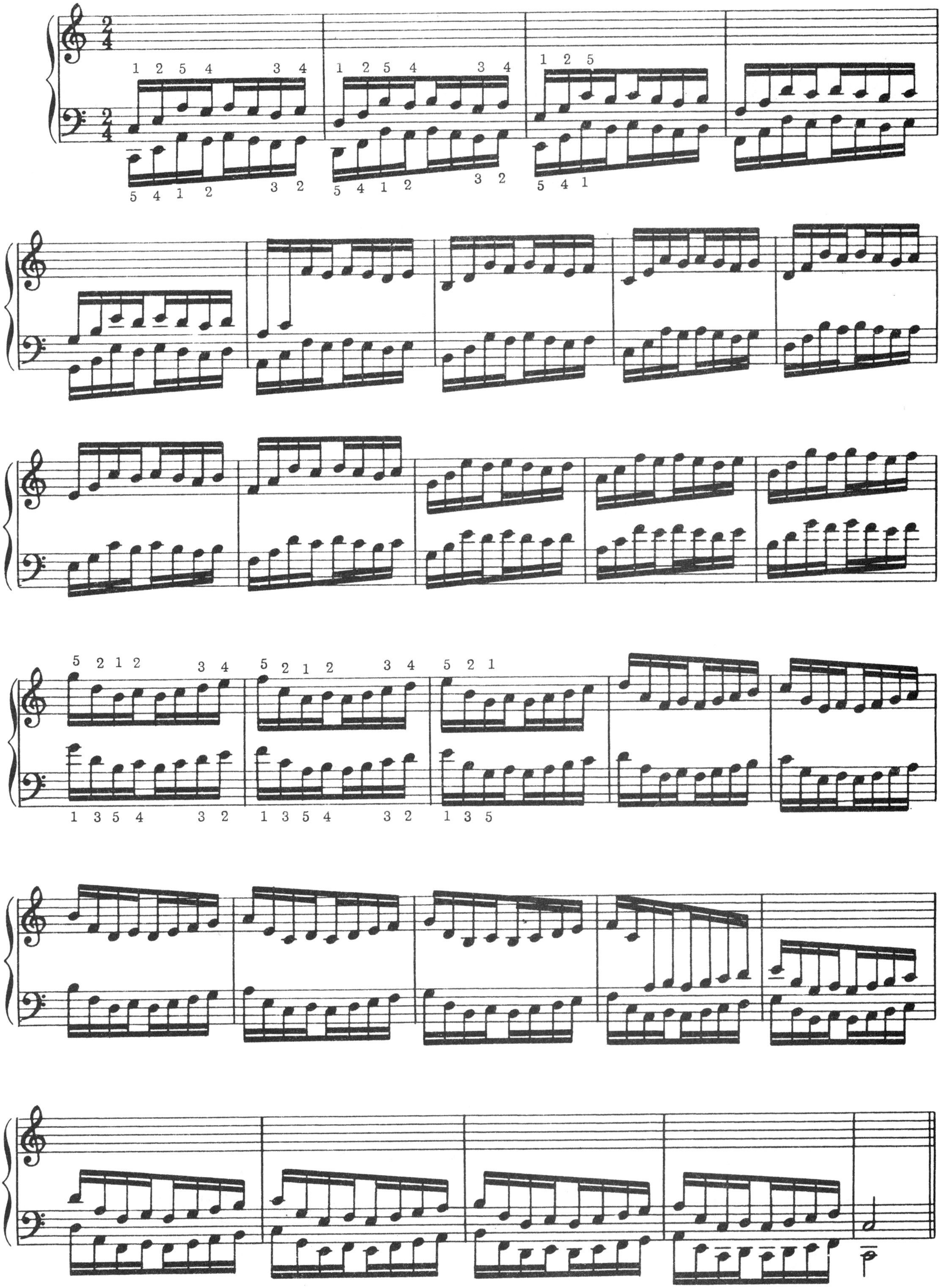

Ab Major

G# Minor

Eb Major

Eb Minor

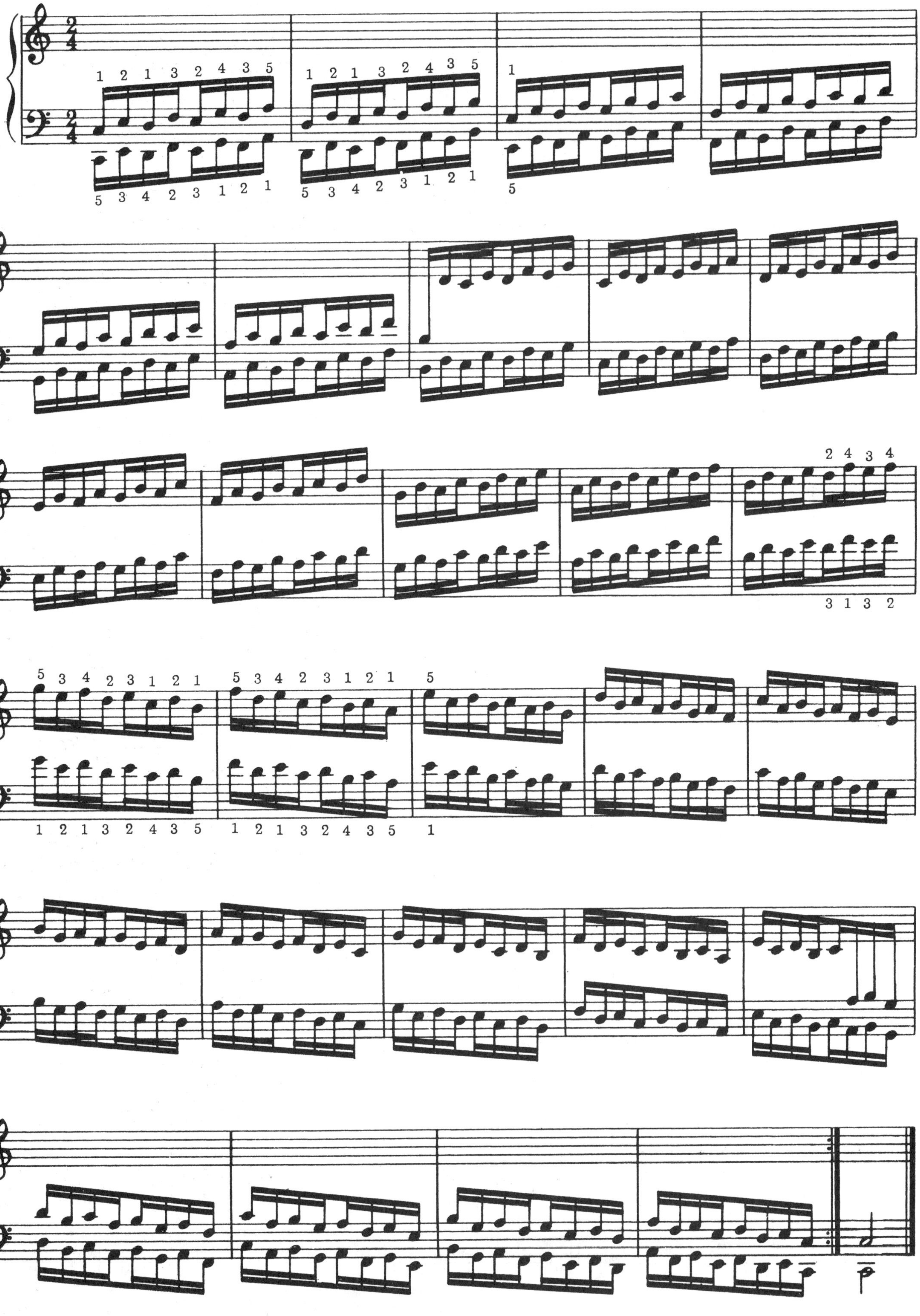

Bb Major

Bb Minor

F Major

F Minor

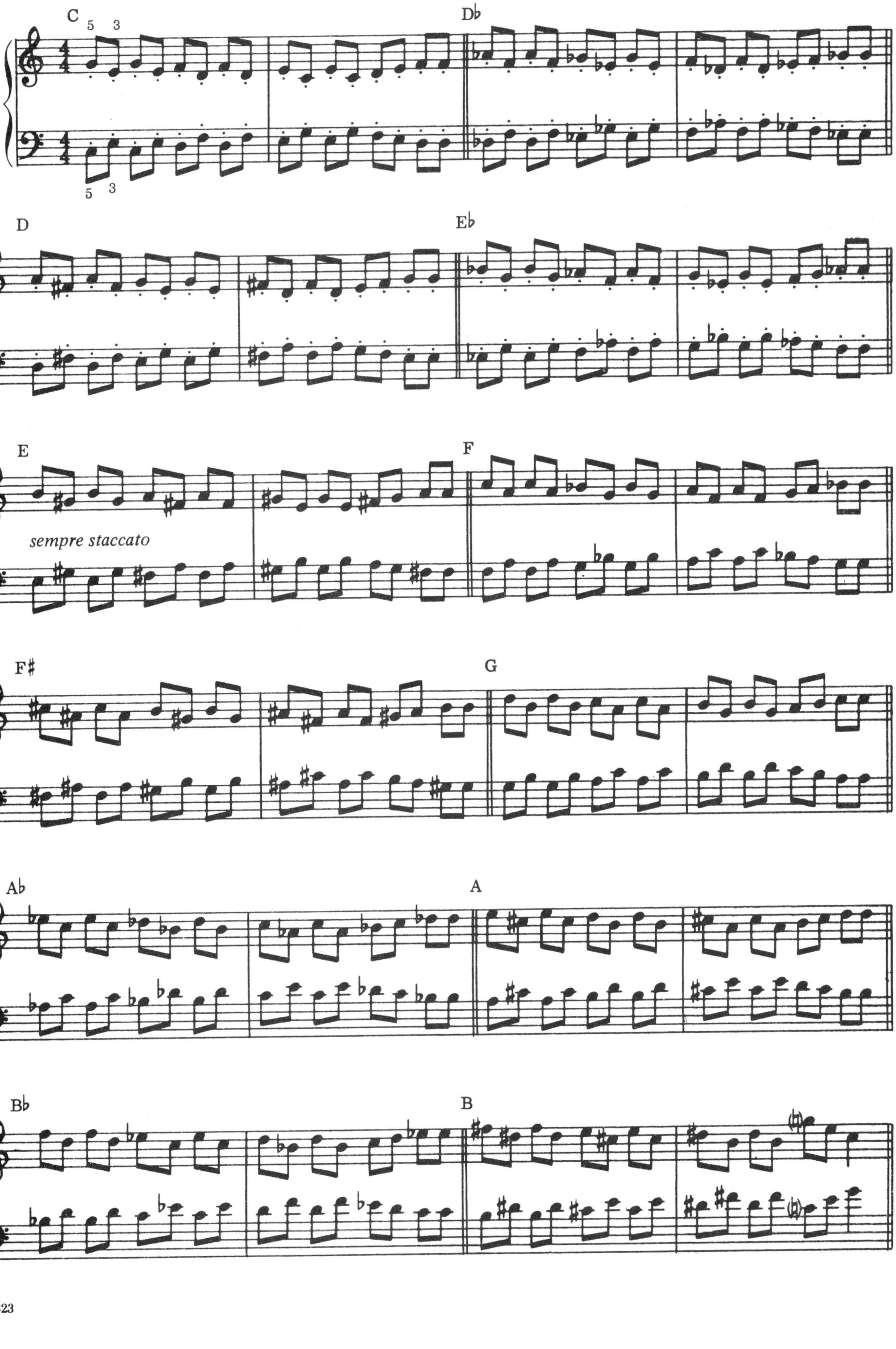
C
5 3
D♭
5 3
D
E♭
E
sempre staccato
F
F♯
G
A♭
A
B♭
B

C Major

C Minor

G Major

G Minor

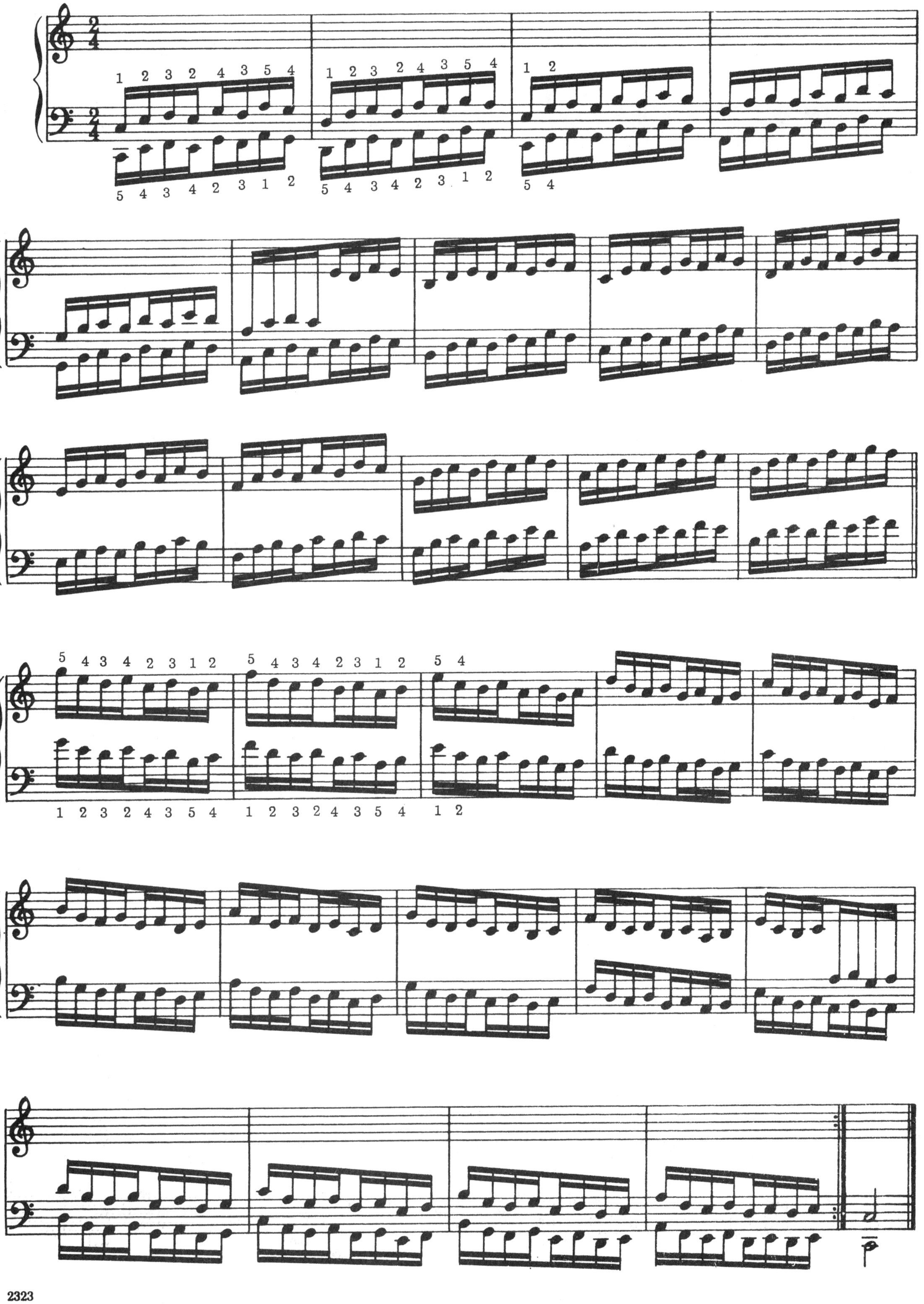

D Major

D Minor

A Major

A Minor

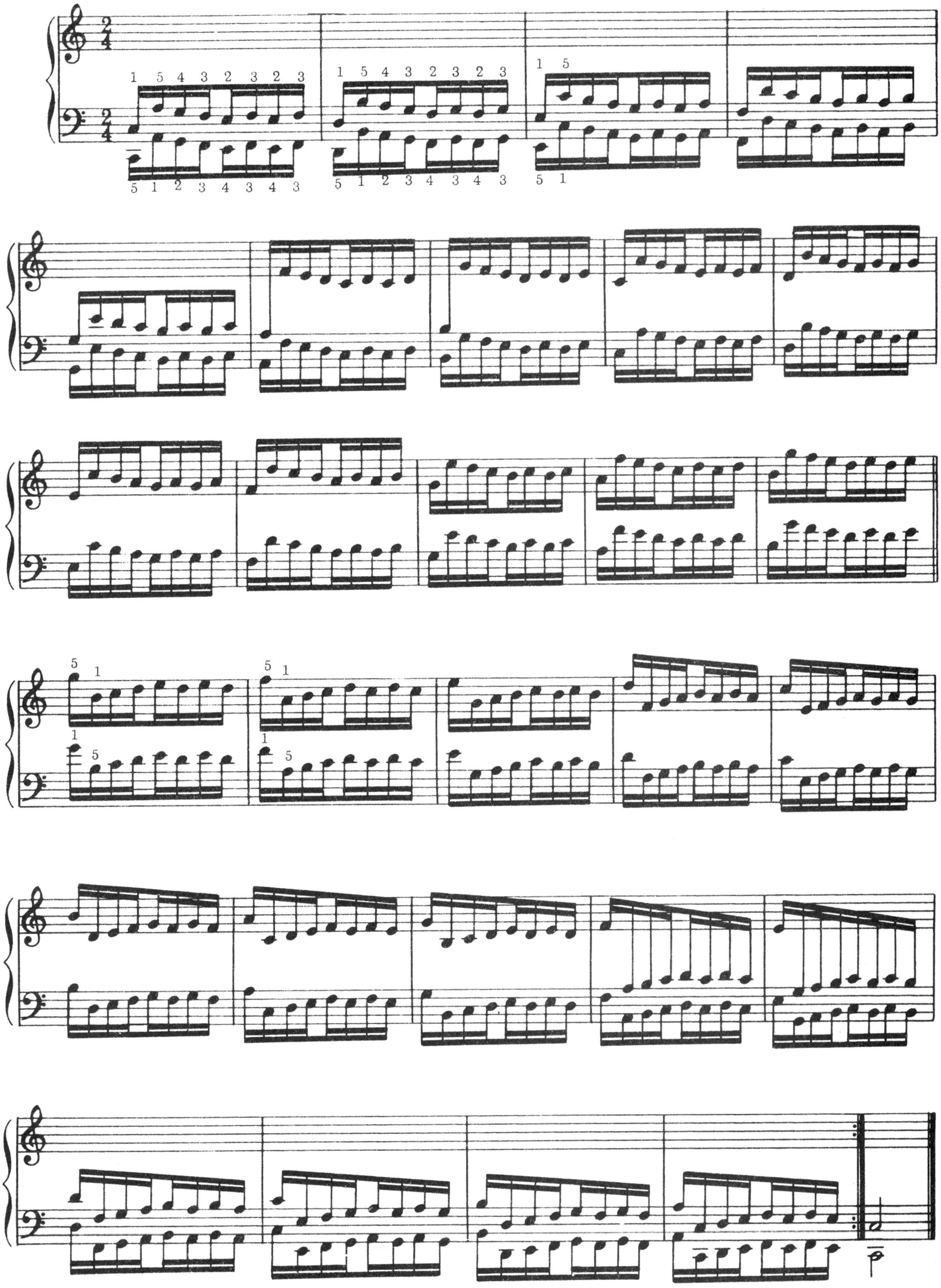

E Major

E Minor

B Major

B Minor

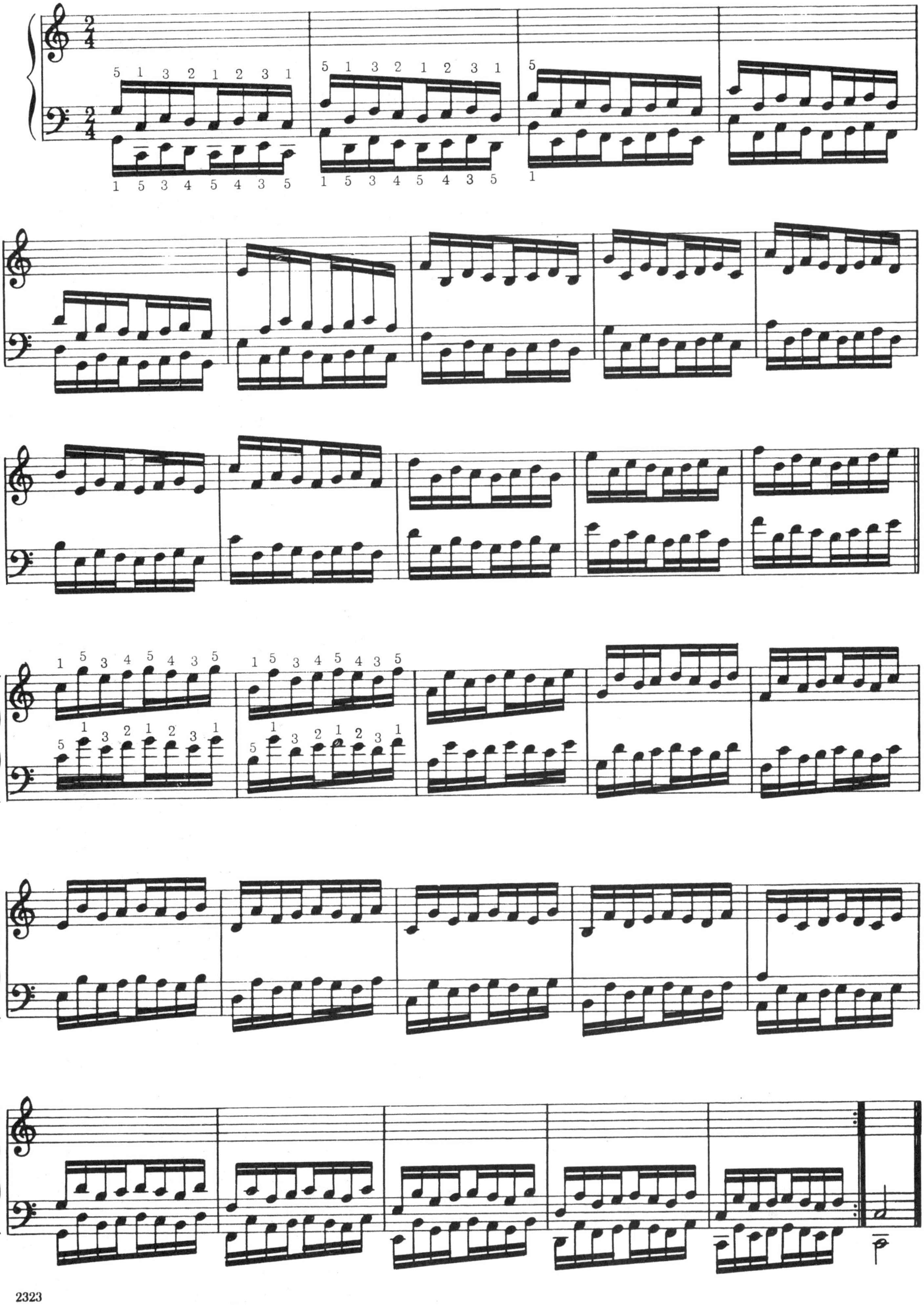

F# Major

F# Minor

Db Major

C# Minor

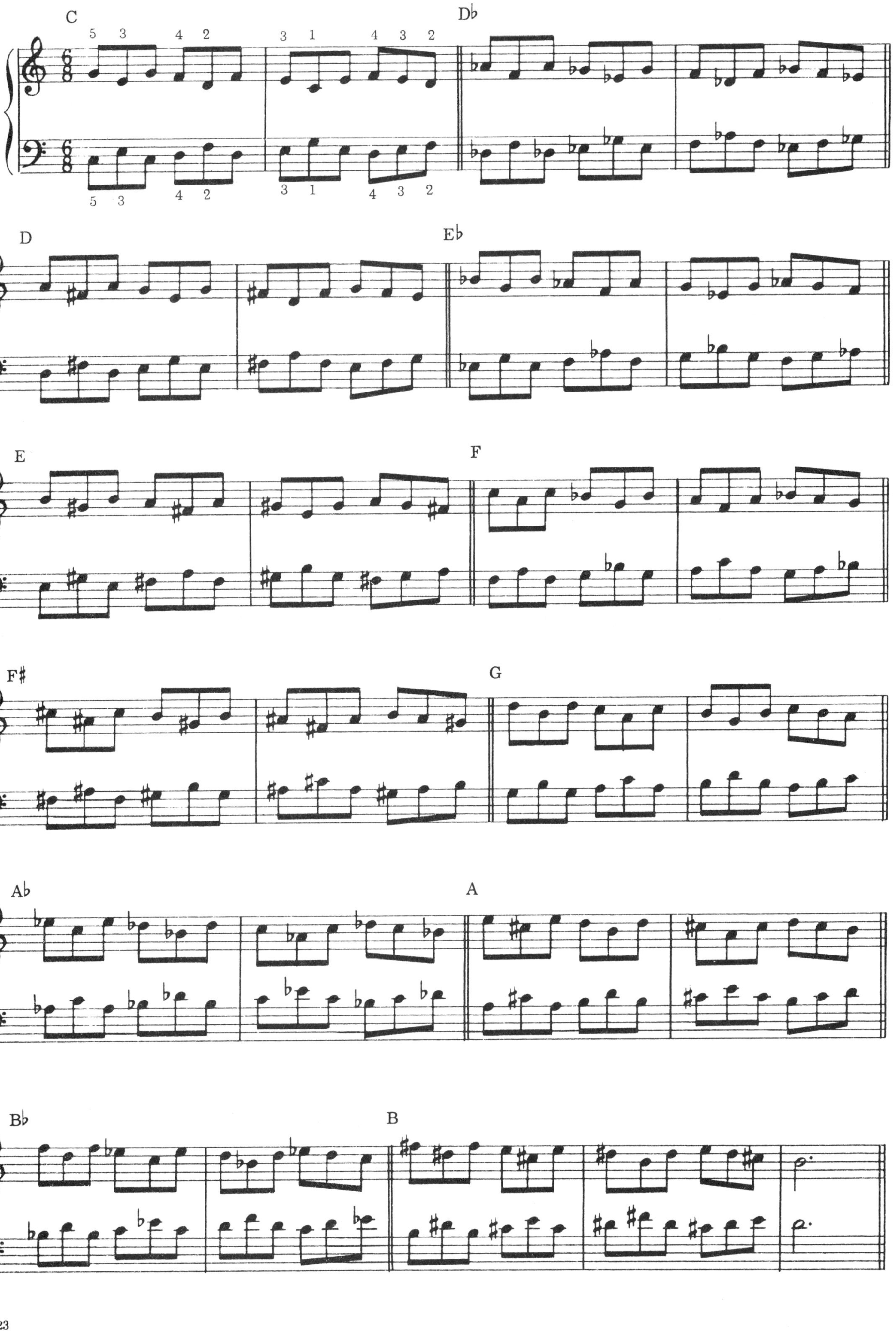
C
5 3 4 2 3 1 4 3 2
D♭
5 3 4 2 3 1 4 3 2
D
E♭
E
F
F♯
G
A♭
A
B♭
B

Ab Major

Ab Minor

Eb Major

Eb Minor

2323

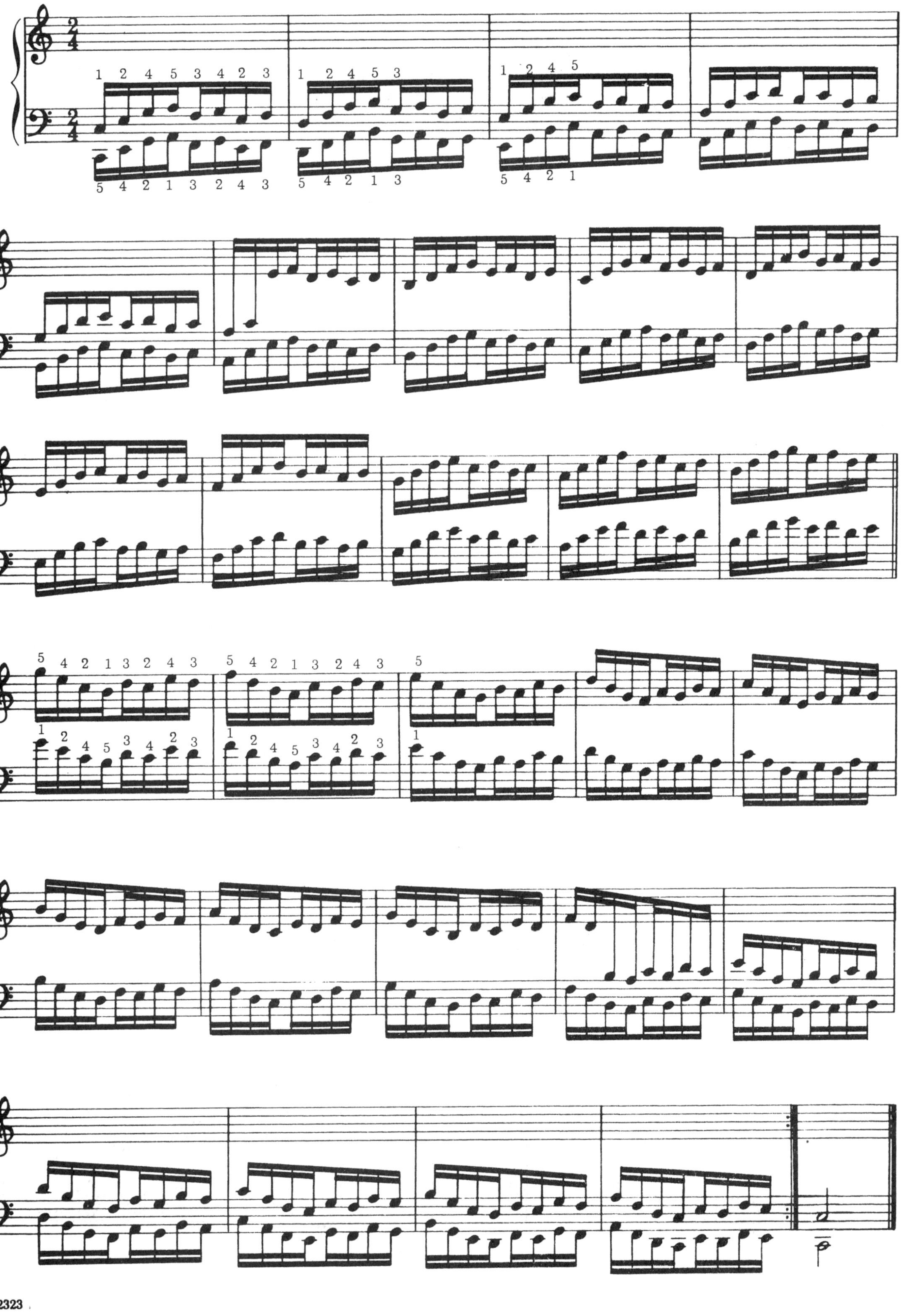

Bb Major

Bb Minor

F Major

F Minor